探Q《たんキュー》! 日本のひみつ ～歴史あるまちなみ～

もくじ

歴《れき》史《し》あるまちなみ

むかしもいまも、日本《にほん》はワンダフル！
いっしょに日本《にほん》のひみつを
さがしにいこう。

神戸《こうべ》にやってきた
異人《いじん》さん

むかしながらのよさをのこすまちに、
どんなひみつがあるか、さがそう。

馬籠《まごめ》にやってきた
飛脚《ひきゃく》

1 異人館《いじんかん》のある港町《みなとまち》・神戸《こうべ》 兵庫県神戸市《ひょうごけんこうべし》

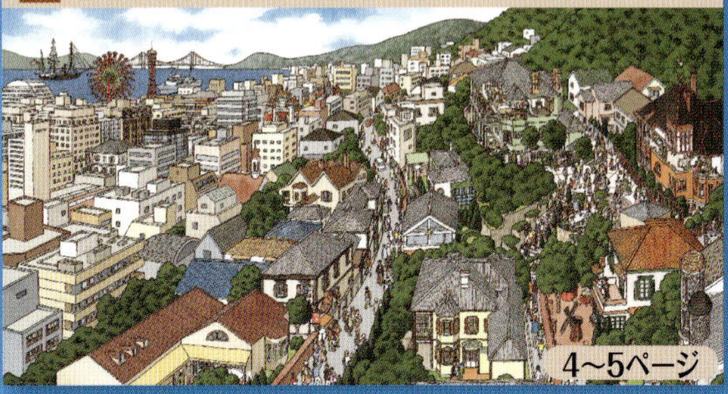

4～5ページ

3 赤《あか》がわらの集落《しゅうらく》・竹富島《たけとみじま》 沖縄県竹富町《おきなわけんたけとみちょう》

8～9ページ

2 舟屋《ふなや》がならぶ漁村《ぎょそん》・伊根《いね》 京都府伊根町《きょうとふいねちょう》

6～7ページ

4 中山道《なかせんどう》の宿場町《しゅくばまち》・馬籠《まごめ》 岐阜県中津川市《ぎふけんなかつがわし》

10～11ページ

を探Q《たんキュー》!しよう!

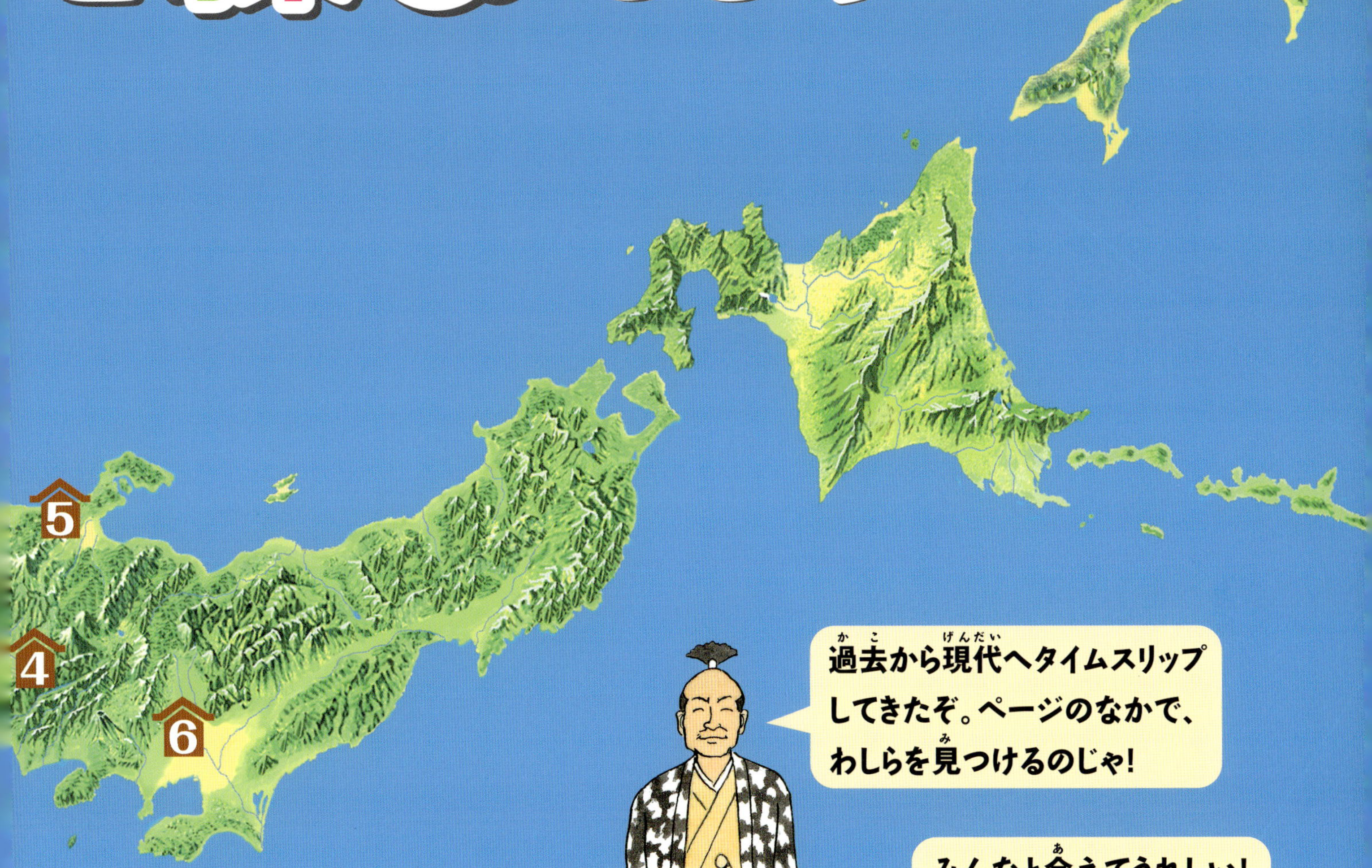

過去《かこ》から現代《げんだい》へタイムスリップしてきたぞ。ページのなかで、わしらを見《み》つけるのじゃ!

金沢《かなざわ》にやってきた
殿《との》さま

みんなと会《あ》えてうれしい! いっしょに日本《にほん》のまちを旅《たび》しましょ。

柳川《やながわ》にやってきた
お姫《ひめ》さま

5 加賀百万石《かがひゃくまんごく》の城下町《じょうかまち》・金沢《かなざわ》 石川県金沢市《いしかわけんかなざわし》

12〜13ページ

6 くらづくりの商人町《しょうにんまち》・川越《かわごえ》 埼玉県川越市《さいたまけんかわごえし》

14〜15ページ

7 水路《すいろ》が走《はし》る城下町《じょうかまち》・柳川《やながわ》 福岡県柳川市《ふくおかけんやながわし》

16〜17ページ

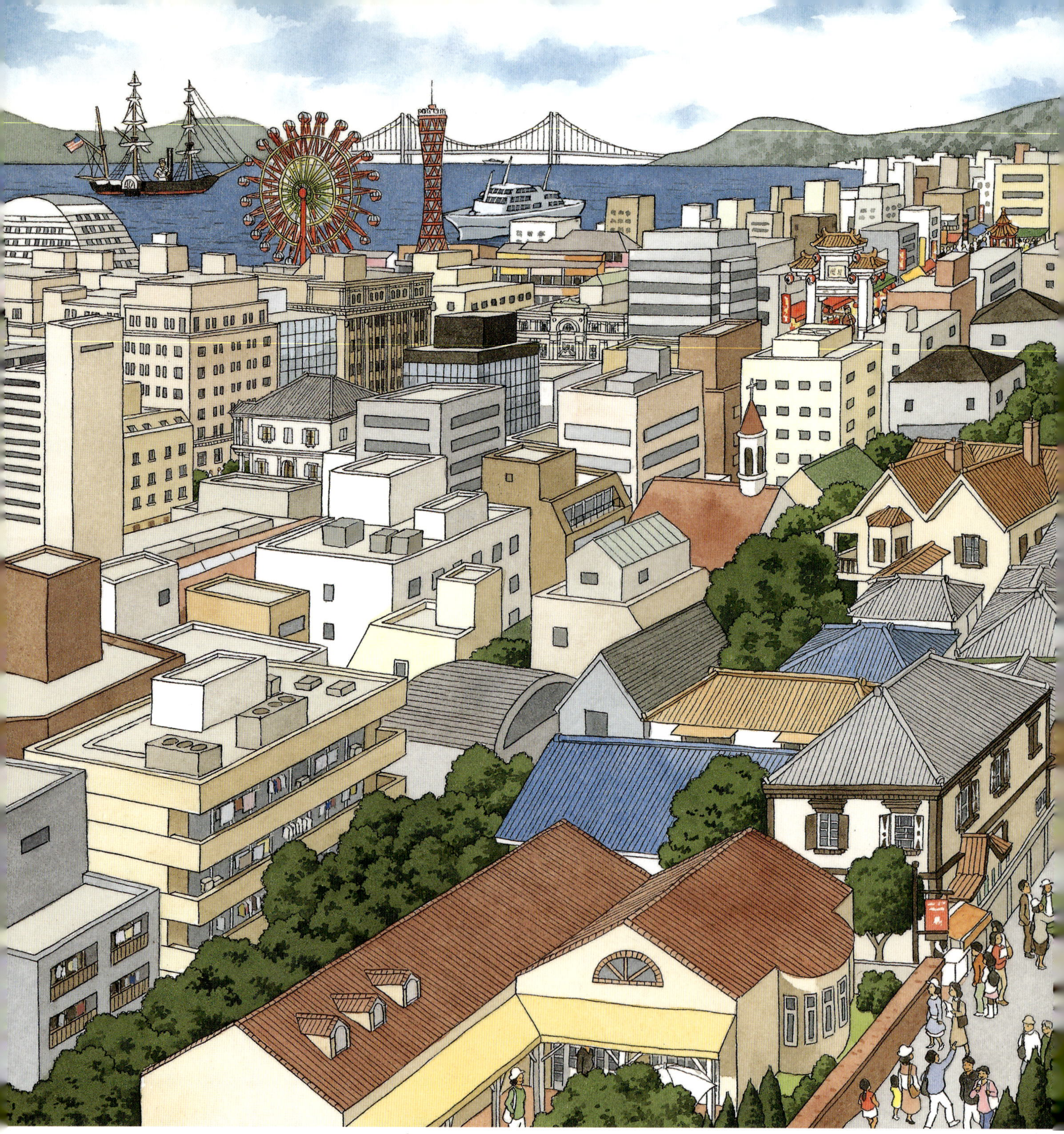

兵庫《ひょうご》

明治時代《めいじじだい》にたてられた西洋館《せいようかん》がのこる港町《みなとまち》

神戸《こうべ》のひみつ

江戸時代《えどじだい》の末《すえ》にいまの神戸港《こうべこう》が開《ひら》かれて以来《いらい》、世界的《せかいてき》なぼうえき都市《とし》となった神戸《こうべ》。明治時代《めいじじだい》にはたくさんの外国人《がいこくじん》がおとずれ、やしきをたてて住《す》んだ。そんな神戸《こうべ》のひみつを探求《たんきゅう》しよう。

探Q!1 タイムスリップキャラをさがそう!

船《ふね》にのって
外国《がいこく》からきたよ。
見《み》つけて。

探Q! 2 タイムスリップキャラをさがそう！

家《いえ》のまどから
海《うみ》のほうをながめて
いるよ。
どこかな？

探Q! 3 タイムスリップキャラをさがそう！

中国服《ちゅうごくふく》を着《き》ているね。
なにをしているのかな。
見《み》つけて。

探Q! 4 タイムスリップキャラをさがそう！

神戸《こうべ》に船《ふね》の学校《がっこう》を
つくった
人《ひと》だよ。
さがして。

さがして！

1

2

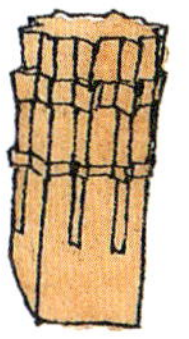

3

▶答《こた》えは、18〜19ページを見《み》てね。

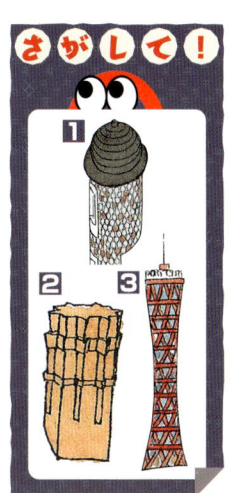

京都《きょうと》

海岸《かいがん》ぎりぎりに舟小屋《ふなごや》がならぶ漁師《りょうし》のまち

伊根《いね》のひみつ

伊根《いね》は、古《ふる》くから漁業《ぎょぎょう》でさかえたまち。全国《ぜんこく》でもめずらしい「舟屋《ふなや》」とよばれる家《いえ》いえが海岸《かいがん》にそってならんでいる。舟屋《ふなや》の里《さと》、伊根《いね》のひみつを探求《たんきゅう》しよう。

探Q! 1 タイムスリップキャラをさがそう!

漁《りょう》を終《お》えて
帰《かえ》ってきた人《ひと》がいるよ。
見《み》つけて。

探Q!② タイムスリップキャラをさがそう!

舟《ふね》できょうそうしているよ。さがして。

探Q!③ タイムスリップキャラをさがそう!

モリでなにかをさそうとしているよ。見《み》つけて。

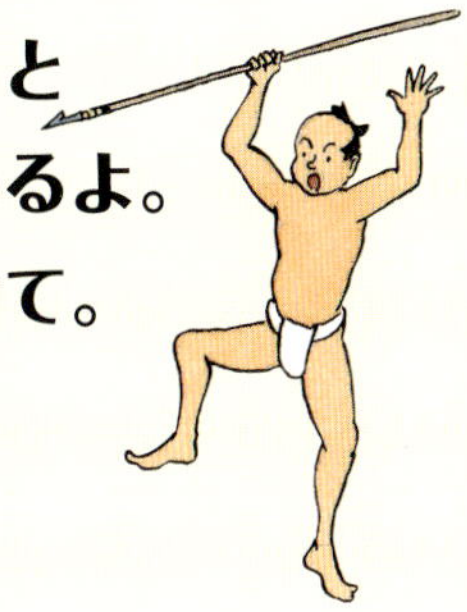

探Q!④ タイムスリップキャラをさがそう!

魚《さかな》がやけるいいにおいがするね。さがして。

さがして!

1

2

3

▶答《こた》えは、20〜21ページを見《み》てね。

沖縄《おきなわ》

赤《あか》がわらの家《いえ》いえがならぶ、むかしながらの沖縄《おきなわ》の集落《しゅうらく》

竹富島《たけとみじま》のひみつ

竹富島《たけとみじま》は、赤《あか》がわら屋根《やね》の家《いえ》いえとサンゴの石《いし》がき、白《しろ》いすなをしきつめた道《みち》など、むかしの沖縄《おきなわ》のまちなみにふれることができる島《しま》。伝統文化《でんとうぶんか》も多《おお》くのこる竹富島《たけとみじま》のひみつを探求《たんきゅう》しよう。

探Q! 1 タイムスリップキャラをさがそう!

赤《あか》いかわらの
屋根《やね》をつくっているよ。
見《み》つけて。

探Q!② タイムスリップキャラを さがそう!

のろしを
あげている人《ひと》がいるよ。
見《み》つけて。

探Q!③ タイムスリップキャラを さがそう!

いっしょに
おどりだしそうだね。
さがして。

探Q!④ タイムスリップキャラを さがそう!

おりものを
おっているよ。
どこにいるかな？

さがして！

▶答《こた》えは、22～23ページを見《み》てね。

岐阜《ぎふ》

山《やま》ぶかいところにある坂道《さかみち》の宿場《しゅくば》まち

馬籠《まごめ》のひみつ

馬籠《まごめ》は、山《やま》のなかを通《とお》る中山道《なかせんどう》という街道《かいどう》の大《おお》きな宿場《しゅくば》まち。江戸時代《えどじだい》にはたくさんの旅人《たびびと》が通《とお》り、旅《たび》のつかれをいやしていった。石《いし》だたみがいまものこる馬籠《まごめ》のひみつを探求《たんきゅう》しよう。

探Q! 1 タイムスリップキャラをさがそう!

荷物《にもつ》をかついで走《はし》っている人《ひと》をさがして。

探Q! 2 タイムスリップキャラをさがそう!

足《あし》をあらって
もらっている人《ひと》を
見《み》つけて。

探Q! 3 タイムスリップキャラをさがそう!

大名行列《だいみょうぎょうれつ》でお殿《との》さまが
やってきたよ。
どこかな？

探Q! 4 タイムスリップキャラをさがそう!

おやつを食《た》べている
子《こ》どもがいるね。
さがして！

さがして！

1

2

3
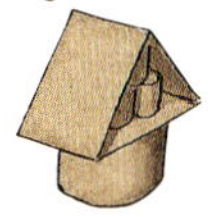

▶答《こた》えは、24～25ページを見《み》てね。

石川《いしかわ》

加賀百万石《かがひゃくまんごく》のゆたかな城下町《じょうかまち》

金沢《かなざわ》のひみつ

江戸時代《えどじだい》、金沢《かなざわ》は幕府《ばくふ》の徳川家《とくがわけ》の次《つぎ》にゆたかな領地《りょうち》をもっていた加賀藩前田家《かがはんまえだけ》の城下町《じょうかまち》。そのくらしぶりは、どんなふうに受《う》けつがれているのだろう。金沢《かなざわ》のひみつを探求《たんきゅう》しよう。

探Q! 1 タイムスリップキャラをさがそう!

むかし、この土地《とち》をおさめていたお殿《との》さまだよ。見《み》つけて。

探Q!② タイムスリップキャラをさがそう!

たのしそうだね。
どこにいるのかな。
さがして。

探Q!③ タイムスリップキャラをさがそう!

なにを
しているのだろう。
見《み》つけて。

探Q!④ タイムスリップキャラをさがそう!

野菜《やさい》を売《う》っているよ。
見《み》つけて。

さがして！

1

2

3
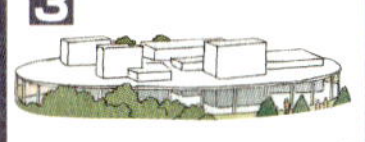

▶答《こた》えは、26～27ページを見《み》てね。

埼玉《さいたま》

くらづくりのまちなみがのこる商人《しょうにん》のまち

川越《かわごえ》のひみつ

江戸時代《えどじだい》には、江戸《えど》を守《まも》るという大事《だいじ》な役目《やくめ》をはたしていた川《かわ》越《ごえ》は、当時《とうじ》から商人《しょうにん》のまちとしてさかえていた。くらづくりのまちなみは、いつできたのだろう。川越《かわごえ》のひみつを探求《たんきゅう》しよう。

探Q! ① タイムスリップキャラをさがそう！

あめ玉《だま》をほおばっている子《こ》どもは、どこ？

探Q! 2 タイムスリップキャラをさがそう!

火事《かじ》がおこると、
かけつけるよ。
さがして。

探Q! 3 タイムスリップキャラをさがそう!

きれいな着物《きもの》を
お客《きゃく》さんに見《み》せて
いるよ。
見《み》つけて。

探Q! 4 タイムスリップキャラをさがそう!

高《たか》いところに
のぼっているよ。
どこかな？

さがして！

1
2
3

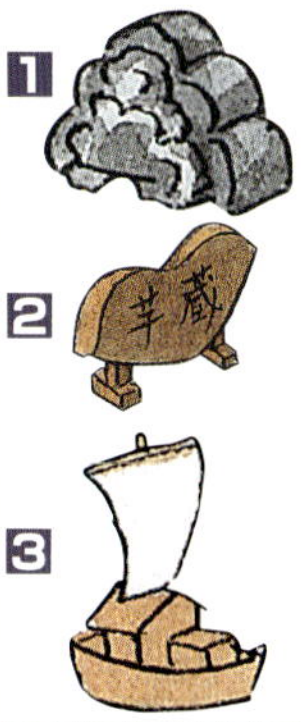

▶答《こた》えは、28～29ページを見《み》てね。

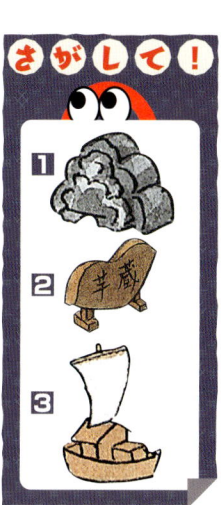

福岡《ふくおか》

まちなかを走《はし》る水路《すいろ》がくらしにとけこむ水郷《すいごう》のまち

柳川《やながわ》のひみつ

水《みず》の都《みやこ》とよばれる柳川《やながわ》は、まちのなかをたてよこに水路《すいろ》がはりめぐらされ、小舟《こぶね》が行《い》き来《き》している。この水路《すいろ》は、いつどうしてできたのだろう。柳川《やながわ》のひみつを探求《たんきゅう》しよう。

探Q!① タイムスリップキャラをさがそう!

舟《ふね》でものを
運《はこ》んでいるよ。
見《み》つけて。

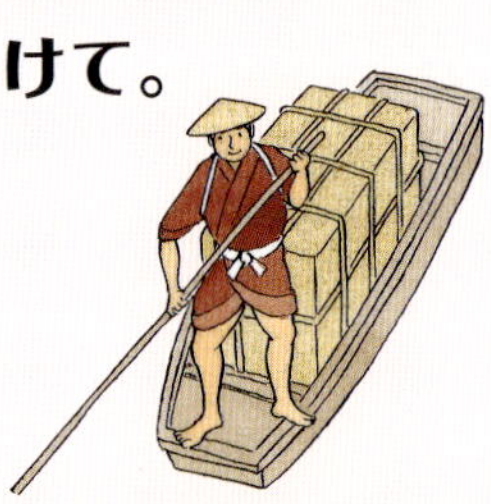

探Q! 2 タイムスリップキャラをさがそう!

潮《しお》の引《ひ》いた海《うみ》で
つりをしているよ。
さがして。

探Q! 3 タイムスリップキャラをさがそう!

かわいい
おひなさまだね。
どこにいるかな？

探Q! 4 タイムスリップキャラをさがそう!

橋《はし》の上《うえ》にいるよ。
見《み》つけて。

さがして!

1

2

3

▶答《こた》えは、30〜31ページを見《み》てね。

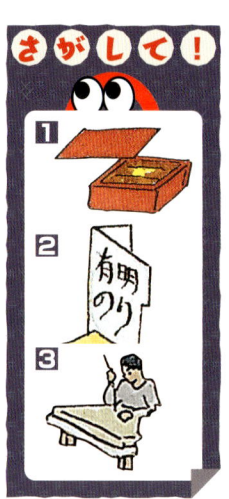

神戸《こうべ》の答《こた》え

探Q! ① 日本《にほん》とぼうえきをしにきた外国人《がいこくじん》

神戸港《こうべこう》は、古《ふる》くは大輪田泊《おおわだのとまり》*とよばれていました。江戸時代《えどじだい》、日本《にほん》は200年《ねん》ものあいだ、外国《がいこく》とのつきあいをきびしく制限《せいげん》（鎖国《さこく》）してきましたが、アメリカから開国《かいこく》をもとめられ、5つの港《みなと》を外国《がいこく》に開《ひら》きました。神戸港《こうべこう》もそのひとつでした。1868年《ねん》の開港後《かいこうご》、神戸《こうべ》には、たくさんの外国人《がいこくじん》がやってきました。

*泊《とまり》は、船《ふね》つき場《ば》のこと。

探Q! ② この家《いえ》のもちぬしのドイツ人商人《じんしょうにん》

この家《いえ》は、ドイツ人《じん》のぼうえき商人《しょうにん》がすむ家《いえ》として、1909年《ねん》にたてられました。そのころ、神戸《こうべ》には外国人《がいこくじん》が日本《にほん》とのぼうえきをするためにたくさんやってきました。かれらは異人《いじん》さんとよばれ、海《うみ》の見《み》える高台《たかだい》に住《す》まいをかまえました。かれらの家《いえ》いえは、「北野異人館街《きたのいじんかんがい》」としていまにのこり、一部《いちぶ》が公開《こうかい》されています。

赤《あか》レンガの「風見鶏《かざみどり》の館《やかた》」とその内部《ないぶ》。

さがして！の答《こた》え

1「うろこの家《いえ》」は、異人館《いじんかん》でさいしょに公開《こうかい》されたたてものです。天然《てんねん》の石《いし》でつくられたかべがうろこのようなので、この名《な》がつきました。

「うろこの家《いえ》」のかべ。

2「もえぎの館《やかた》」には、れんがのえんとつがあります。このえんとつは阪神《はんしん》・淡路大震災《あわじだいしんさい》で屋《や》根《ね》から落《お》ちたので修復《しゅうふく》されました。屋根《やね》から落《お》ちたえんとつは、いまも地面《じめん》にのこっています。

落《お》ちたえんとつ。

3 ポートタワーは、神《こう》戸港内《べこうない》にある人工《じんこう》の島《しま》・ポートアイランドにあります。この島《しま》には住宅《じゅうたく》や学校《がっこう》、商店街《しょうてんがい》などもあり、中心部《ちゅうしんぶ》とは新交通《しんこうつう》システムでむすばれています。

港《みなと》が見《み》わたせるポートタワー。

神《こう》戸《べ》はこんなところ

神戸市《こうべし》は、兵庫県《ひょうごけん》の県庁所在地《けんちょうしょざいち》で、国際的《こくさいてき》なぼうえき港《こう》をもつ大都市《だいとし》です。六甲山地《ろっこうさんち》をうしろにひかえ、東西《とうざい》にほそながくのびる市街地《しがいち》には、三宮《さんのみや》や元町《もとまち》といった中心街《ちゅうしんがい》があり、北《きた》がわには、たくさんの住宅《じゅうたく》があります。

◆高台《たかだい》には、多《おお》くの異人館《いじんかん》がのこっています。西《せい》洋風《ようふう》のたてものはもちろん、室内《しつない》のデザインや家《か》具《ぐ》などからは、明治時代《めいじじだい》に神戸《こうべ》にやってきた当時《とうじ》の外国人《がいこくじん》のくらしのようすがうかがえます。

◆海岸部《かいがんぶ》ではうめたてがすすみました。1980年《ねん》に完成《かんせい》したポートアイランドや、1992年《ねん》に完成《かんせい》した六甲《ろっこう》アイランドは、21世紀《せいき》の海上都市《かいじょうとし》をめざ

大《おお》きな船《ふね》が行《い》き来《き》する、いまの神戸港《こうべこう》。

探Q! 3 日本人《にほんじん》に中国語《ちゅうごくご》のつうやくをしている中国人《ちゅうごくじん》

神戸《こうべ》には、南京町《なんきんまち》とよばれる中華街《ちゅうかがい》があります。神戸港《こうべこう》が開《ひら》かれた当時《とうじ》、多《おお》くの中国人《ちゅうごくじん》が神戸《こうべ》の中心《ちゅうしん》地《ち》である元町《もとまち》の南《みなみ》に住《す》みはじめ、近《ちか》くに料理店《りょうりてん》や洋《よう》服屋《ふくや》などさまざまな店《みせ》を開《ひら》きました。いまでは、東《とう》西約《ざいやく》160m、南北約《なんぼくやく》110mのはんいに100けん近《ちか》い店《みせ》がならび、たくさんのお客《きゃく》さんがおとずれる人気《にんき》の場所《ばしょ》になっています。

南京町《なんきんまち》では毎年《まいとし》2月《がつ》に春節祭《しゅんせつさい》がおこなわれ、中国《ちゅうごく》のお正月《しょうがつ》をいわう。

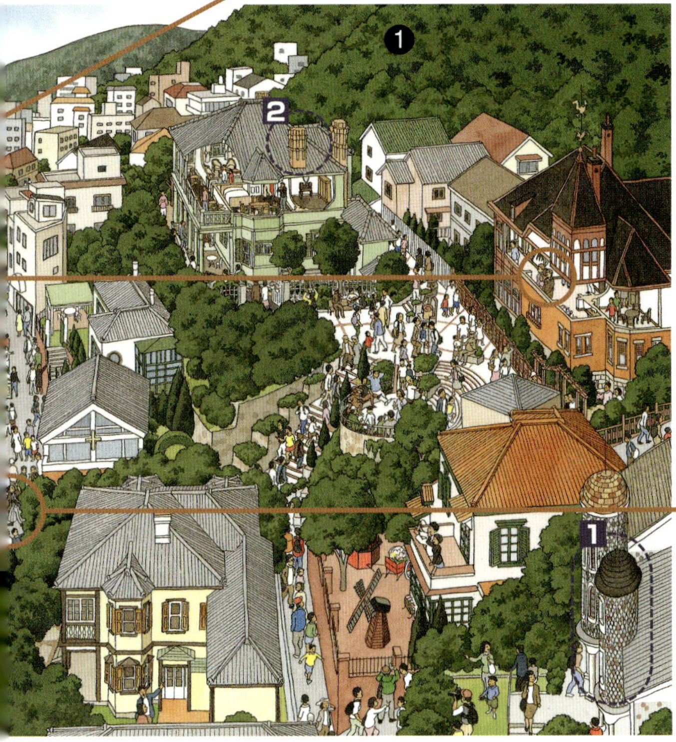

探Q! 4 坂本龍馬《さかもとりょうま》に教《おし》える勝海舟《かつかいしゅう》

勝海舟《かつかいしゅう》は、江戸時代《えどじだい》の終《お》わりのころは武士《ぶし》として活《かつ》やくし、明治時代《めいじじだい》には政治家《せいじか》となった人物《じんぶつ》です。日本《にほん》が開国《かいこく》するときにはしっかりした海軍《かいぐん》がひつようだと考《かんが》え、徳川将軍《とくがわしょうぐん》に海軍《かいぐん》の船《ふな》のりを育《そだ》てる学校《がっこう》（海軍操練所《かいぐんそうれんじょ》）をつくることをすすめ、1864年《ねん》、神《こう》戸《べ》に開校《かいこう》させました。200人《にん》ほどいた生徒《せいと》のひとりに、新《あたら》しい世《よ》の中《なか》をつくるために活《かつ》やくした坂本龍馬《さかもとりょうま》もいました。

「海軍操練所《かいぐんそうれんじょ》」あと地《ち》にたてられた、いかりの記念碑《きねんひ》。

もっと探Q!

❶神戸市《こうべし》の住宅街《じゅうたくがい》の北《きた》がわには六甲山《ろっこうさん》地《ち》がせまっています。六甲山地《ろっこうさんち》は、南北《なんぼく》のはばはせまいですが、東西《とうざい》に長《なが》さ数十《すうじゅう》kmにわたってそびえています。神戸《こうべ》は、六甲山地《ろっこうさんち》のふもとにあるため、坂《さか》のまちとして知《し》られています。

❷明石海峡大橋《あかしかいきょうおおはし》は、本州《ほんしゅう》と淡路島《あわじしま》をむすぶつりばしです。3911mの長《なが》さは、つりばしとして世界一《せかいいち》。海面《かいめん》からの高《たか》さ298.3mは、日本《にほん》のたてものとしては東《とう》京《きょう》スカイツリー（634m）、東京《とうきょう》タワー（333m）につぐ高《たか》さです。

明石海峡大橋《あかしかいきょうおおはし》。

してつくられた人工《じんこう》の島《しま》です。

◆1995年《ねん》1月《がつ》17日《にち》、神戸市《こうべし》は、阪神《はんしん》・淡路大震《あわじだいしん》災《さい》におそわれて、大《おお》きなひがいを受《う》けました。毎《まい》年《とし》12月《がつ》になると、震災《しんさい》の記憶《きおく》を語《かた》りつぎ希望《きぼう》をねがう行事《ぎょうじ》をおこなっています。「神戸《こうべ》ルミナリエ」とよばれる光《ひかり》の芸術作品《げいじゅつさくひん》が公開《こうかい》され、ライトアップされた夜《よる》のまちにたくさんの人《ひと》がおとずれます。

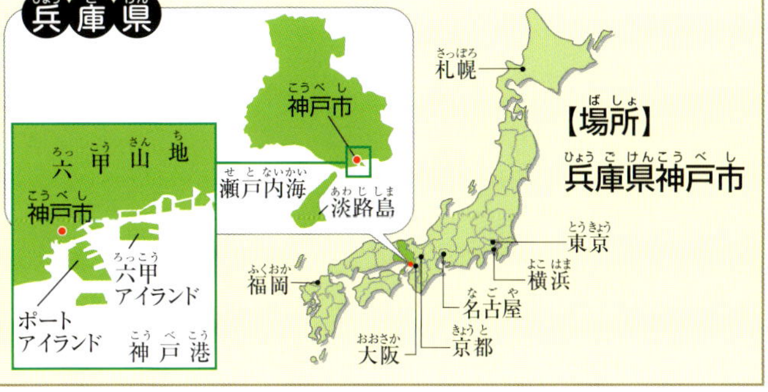

伊根《いね》の答《こた》え

探Q! 1 舟《ふな》おき場《ば》に舟《ふね》を入《い》れる漁師《りょうし》

古《ふる》い漁師《りょうし》まちの伊根《いね》には、江戸時代《えどじだい》から、舟屋《ふなや》とよばれる舟小屋《ふなごや》がありました。むかしの舟《ふね》は木造《もくぞう》だったので、舟《ふね》を船食《ふなく》い虫《むし》などから守《まも》り、長持《ながも》ちさせるためには、水《みず》からあげておくひつようがありました。漁師《りょうし》たちは、海《うみ》にむかって床《ゆか》をななめにかたむけ、潮《しお》がみちたときに海水《かいすい》を床《ゆか》の半分《はんぶん》くらいまで引《ひ》きいれることで、舟《ふね》を引《ひ》きあげやすいようにくふうした舟屋《ふなや》のたてものをうみだしました。

探Q! 2 祭《まつ》り舟《ぶね》で、きょうそうしている若者《わかもの》

毎年《まいとし》8月《がつ》、伊根《いね》では海上《かいじょう》の安全《あんぜん》と大漁《たいりょう》をねがって「おべっさん」とよばれる祭《まつ》りをおこないます。若者《わかもの》たちが、それぞれ祭《まつ》り舟《ぶね》にのり、伊根湾《いねわん》にうかぶ青島《あおしま》にある神社《じんじゃ》にむかいます。神社《じんじゃ》に今年《ことし》1年《ねん》の無事《ぶじ》をねがったあと、いきおいよく舟《ふね》にのりこむと、「こばりあい」とよばれる力《ちから》じまんのきょうそうがはじまります。たいこと横《よこ》ぶえの音《おと》にあわせて力《ちから》いっぱい、ろをこいで進《すす》みます。

江戸時代《えどじだい》からつづいているといわれている海《うみ》の祭《まつ》り。

さがして!の答《こた》え

1 伊根湾《いねわん》では、岩《いわ》ガキという貝《かい》の養殖《ようしょく》がさかんです。カキといえばふつう冬場《ふゆば》が旬《しゅん》ですが、岩《いわ》ガキは、夏《なつ》のはじめごろからがおいしいシーズンとなります。

「夏《なつ》がき」ともいわれる岩《いわ》ガキ。

2 伊根《いね》には、浦島太郎《うらしまたろう》の伝説《でんせつ》がつたわる神社《じんじゃ》があります。神社《じんじゃ》のとなりには、浦島太郎《うらしまたろう》と乙姫《おとひめ》さまの像《ぞう》も立《た》っています。

浦嶋神社《うらしまじんじゃ》。

3 夏《なつ》の暑《あつ》さが終《お》わると、秋《あき》イカ（アオリイカ）漁《りょう》がはじまります。そのころになると、まるでせんたくものをほすかのように、あちこちにイカが天日《てんぴ》ぼしされます。

天日《てんぴ》ぼしされた秋《あき》イカ。

伊《い》根《ね》はこんなところ

伊《い》根町《ねちょう》には5つの漁港《ぎょこう》があります。舟屋《ふなや》があるのは、伊根湾《いねわん》に面《めん》した伊根漁港《いねぎょこう》です。海岸線《かいがんせん》ぎりぎりまで山《やま》がせまる、せまい土地《とち》にくらす人《ひと》びとは、漁《りょう》からもどった舟《ふね》をそのまま海《うみ》から引《ひ》きあげられる舟屋《ふなや》という舟《ふな》おき場《ば》をつくりました。

◆むかしは、わらぶき屋根《やね》の平屋《ひらや》か中《ちゅう》2階《かい》で、2階《かい》は漁《りょう》のあみなどをおく倉庫《そうこ》としてつかわれていました。いまでは、ほとんどがかわらぶきの2階屋《かいや》となり、1階《かい》は舟《ふな》おき場《ば》のほか、物置《ものおき》や漁具《ぎょぐ》の手入《てい》れをする作業場《さぎょうば》などにつかわれています。2階《かい》は生活《せいかつ》の場《ば》につかわれていますが、母屋《おもや》は道《みち》をへだてた山《やま》がわにたてられています。

海《うみ》から見《み》た舟屋《ふなや》。1階《かい》に舟《ふね》が引《ひ》きあげられている。

探Q! ③ クジラ漁《りょう》をしている漁師《りょうし》

伊根湾《いねわん》では、江戸時代《えどじだい》より前《まえ》からクジラ漁《りょう》がおこなわれていたとつたえられています。イワシのむれを追《お》いかけてクジラが湾内《わんない》にまよいこむと、村人《むらびと》たちは、舟《ふね》をこぎだして湾《わん》の出入《でい》り口《ぐち》をあみでふさぎます。力《ちから》をあわせてクジラを奥《おく》の入《い》り江《え》に追《お》いこむと、モリを打《う》ちこみます。村人《むらびと》たちは、とらえたクジラの皮《かわ》・肉《にく》・尾《お》・油《あぶら》・骨《ほね》にいたるまで、のこらずつかいました。

明治時代後期《めいじじだいこうき》～大正時代初期《たいしょうじだいしょき》のころのクジラ漁《りょう》のようす。

探Q! ④ 炭火《すみび》で干物《ひもの》をやいている子《こ》ども

伊根《いね》は、鎌倉時代《かまくらじだい》から開《ひら》けた古《ふる》い港町《みなとまち》です。明治《めいじ》時代《じだい》には、ブリがたくさんとれて、とてもさかえていました。いまは、アジやイワシ、サバやブリなど、いろいろな魚《さかな》が水《みず》あげされます。波《なみ》のしずかな湾内《わんない》では、いけすのなかで、ブリ、マダイなどのほか、クロマグロの畜養《ちくよう》*にも取《と》りくんでいます。その日《ひ》にあがった新《しん》せんな魚《さかな》に塩《しお》をふり、ひとばん風《かぜ》にあてててほした一夜《いちや》ぼしも数多《かずおお》くつくられています。

* 夏《なつ》にとったマグロを冬《ふゆ》まで育《そだ》て、品質《ひんしつ》をよくしてから出荷《しゅっか》する養殖《ようしょく》の方法《ほうほう》。

カマスの一夜《いちや》ぼし。

もっと探Q!

❶青島《あおしま》は、伊根湾《いねわん》にうかぶ無人島《むじんとう》です。島内《とうない》には神社《じんじゃ》があり、おまいりに人《ひと》がおとずれます。この神社《じんじゃ》にまつられた神《かみ》さまは、漁《りょう》をする人《ひと》にとって守《まも》り神《がみ》となっていて、漁《りょう》に出《で》る船《ふね》は、ここで手《て》をあわせて出《で》かけるといいます。

❷伊根湾《いねわん》には漁船《ぎょせん》をつかった海上《かいじょう》タクシーがあります。船長《せんちょう》さんは地元《じもと》の漁師《りょうし》さんです。お客《きゃく》さんは、伊根《いね》のくらしや舟屋《ふなや》の歴史《れきし》など、漁師《りょうし》さんの話《はなし》を聞《き》きながら、伊根湾《いねわん》をまわって舟屋《ふなや》のようすを観光《かんこう》することができます。

伊根湾内《いねわんない》をあんないする海上《かいじょう》タクシー。

◆伊根湾《いねわん》は、湾内《わんない》にうかんでいる島《しま》が防波堤《ぼうはてい》になって、波《なみ》がしずかです。海《うみ》が急《きゅう》に深《ふか》くなっているので、舟《ふね》の出《だ》し入《い》れに便利《べんり》なことも、舟屋《ふなや》ができた理由《りゆう》のひとつです。むかしとちがい、いまでは船《ふね》にエンジンがつき、大《おお》きな船《ふね》は、舟屋《ふなや》のなかに入《い》れることはできません。それでも、いまも伊根《いね》湾《わん》にそって約《やく》230けんの舟屋《ふなや》がならんでいます。

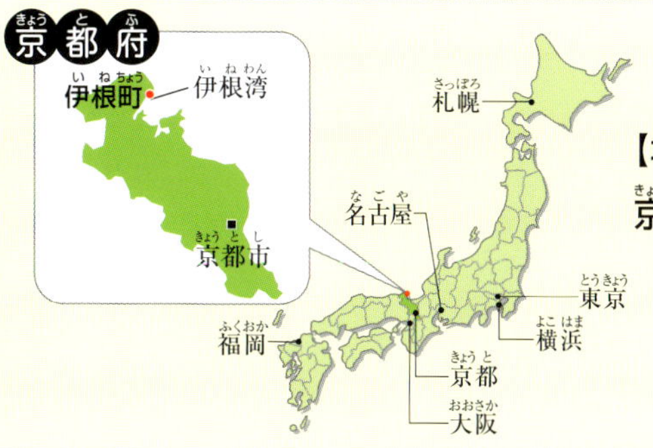

【場所《ばしょ》】
京都府伊根町《きょうとふいねちょう》

竹富島《たけとみじま》の答《こた》え

探Q! ① 赤《あか》がわらの屋根《やね》をつくるかわら職人《しょくにん》

赤《あか》がわらは、沖縄《おきなわ》の伝統的《でんとうてき》なかわらです。首里城《しゅりじょう》や古《ふる》い民家《みんか》など、歴史的《れきしてき》なたてものの屋根《やね》につかわれています。沖縄《おきなわ》は台風《たいふう》が多《おお》いので、かわらが風《かぜ》でとばされないように、しっかりと固定《こてい》されています。屋根《やね》の上《うえ》のおきものはシーサーとよばれ、魔《ま》よけの意味《いみ》もありますが、かわら職人《しょくにん》が自分《じぶん》の仕事《しごと》のあかしとしてつくったのがはじまりともいわれています。

赤《あか》がわらの屋根《やね》とシーサー。

探Q! ② のろしをあげて合図《あいず》している番人《ばんにん》

琉球王朝時代《りゅうきゅうおうちょうじだい》*、外国《がいこく》との行《い》き来《き》を制限《せいげん》していた徳川幕府《とくがわばくふ》のたのみで、異国《いこく》からの船《ふね》を見《み》つけるためにおかれていたのが、遠見台《とおみだい》ともいわれる石《いし》がきです。のろしのための火《ひ》をもやしていたことから「火番盛《ひばんむい》」とよばれ、異《い》国船《こくせん》がくると、のろしをあげて知《し》らせました。

火番盛《ひばんむい》あとの小城盛《くすくむい》。なにかおこったときにはとなりの島《しま》の石垣島《いしがきじま》にむけてのろしをあげた。

*1429年《ねん》、沖縄島《おきなわじま》にある首里《しゅり》を本《ほん》拠《きょ》に成立《せいりつ》した王国《おうこく》。1609年《ねん》に薩摩《さつま》藩《はん》の島津《しまづ》氏《し》にせめられ、以後《いご》王国《おうこく》でありながらも、日本《にほん》に属《ぞく》するという立場《たちば》になった。

さがして！の答《こた》え

1 竹富島《たけとみじま》で1年《ねん》じゅうさいている赤《あか》い花《はな》は、ハイビスカスです。亜熱帯性気候《あねったいせいきこう》の沖縄《おきなわ》では、いたるところに植《う》えられていて、「アカバナー」という名《な》で親《した》しまれています。

赤《あか》い色《いろ》があざやかなアカバナー。

2 ハブは、強《つよ》いどくをもったヘビです。人《ひと》がかまれると死《し》んでしまうこともあります。夜行性《やこうせい》なので昼間《ひるま》は開《ひら》けたところにはあまり出《で》てきませんが、草《くさ》むらや木《き》の上《うえ》、石《いし》がきのなかなどにいることもあります。

石《いし》がきのそばにいるハブ。

3 竹富島《たけとみじま》の観光名物《かんこうめいぶつ》のひとつに、島《しま》の集落《しゅうらく》をのんびりまわる水牛車《すいぎゅうしゃ》があります。観光《かんこう》にくるお客《きゃく》さんをのせて、まちなみを30〜40分《ぷん》かけてまわります。

島《しま》をまわる水牛車《すいぎゅうしゃ》。

竹《たけ》富《とみ》島《じま》はこんなところ

竹《たけ》富島《とみじま》は、島全体《しまぜんたい》が国立公園《こくりつこうえん》に指定《してい》された、人《じん》口《こう》300人《にん》あまりの小《ち》さな島《しま》です。島《しま》の中央《ちゅうおう》部《ぶ》にある村全体《むらぜんたい》が、赤《あか》がわらの家《いえ》と白《しろ》すなをしきつめた道《みち》という、古《ふる》くからの沖縄《おきなわ》のすがたをのこしています。

◆島《しま》を1周《しゅう》する道路《どうろ》はほそうされていますが、あとは、サンゴのかけらをくだいた白《しろ》すなの道《みち》がつづいています。石《いし》がきは、サンゴ石《せき》からできています。サンゴ石《せき》は、表面《ひょうめん》の温度《おんど》があがりにくいとくちょうがあるほか、月《つき》のある夜《よる》は月《つき》の光《ひかり》をはんしゃするので、あかりのひつようがありません。

◆島《しま》には、民《みん》ようやおどり、民具《みんぐ》、民芸品《みんげいひん》など古《ふる》

探Q! 3 お祭《まつ》りを見《み》ている琉装《りゅうそう》*の子《こ》ども

種子取祭《たねどりさい》（タナドゥイ）は、毎年秋《まいとしあき》に10日間《かかん》かけておこなわれる、大《おお》きなお祭《まつ》りです。豊作《ほうさく》をねがうお祭《まつ》りで、600年《ねん》あまりもつづいているといわれています。いちばんのイベントは、神《かみ》さまにささげられるおどりやおしばいです。2日間《かかん》で70点《てん》をこえるおどりやおしばいなどがひろうされ、全国《ぜんこく》から島《しま》の出身者《しゅっしんしゃ》も帰《かえ》ってきて参加《さんか》します。

* 沖縄《おきなわ》に古《ふる》くからつたわる服《ふく》そう。

おどりはおもに女性《じょせい》が、しばいはおもに男性《だんせい》がおこなう。

探Q! 4 ミンサーをおっている女性《じょせい》

竹富島《たけとみじま》では、むかしからおりものがさかんでした。ミンサーは、およそ300年《ねん》も島《しま》に受《う》けつがれている、もめんのおりもののことです。五《い》つ玉《だま》と四《よ》つ玉《だま》が組《く》みあわされているもようがとくちょうで、「いつ（五《い》つ）の世《よ》（四《よ》つ）までも末永《すえなが》く、なかよく」というねがいがこめられています。

ミンサー織《おり》。

もっと探Q!

❶むかしの沖縄《おきなわ》の家《いえ》には、門《もん》と母屋《おもや》のあいだに「ヒンプン」とよばれる目《め》かくしのへいがありました。通《とお》りからの目《め》かくしだけではなく、門《もん》からはいってきた悪霊《あくりょう》が家《いえ》のなかにはいらないようにという魔《ま》よけの役《やく》わりもあります。

❷沖縄《おきなわ》では、大《おお》きな白《しろ》い面《めん》をつけ、黄《き》色《いろ》い服《ふく》をきた神《かみ》さまを「ミルク（またはミロク）」とよびます。祭《まつ》りでは、笑顔《えがお》の仮面《かめん》をつけたミルクが登場《とうじょう》します。ミルクは五穀豊穣《ごこくほうじょう》*1や子孫《しそん》・地域《ちいき》の繁栄《はんえい》*2をもたらすとされています。

種子取祭《たねどりさい》のミルクは子《こ》どもたちと登場《とうじょう》。

*1 こくもつがゆたかに実《みの》ること。　*2 島《しま》の人《ひと》たちの健康《けんこう》と長寿《ちょうじゅ》、島《しま》で平和《へいわ》にくらせること。

くから受《う》けつがれてきた伝統文化《でんとうぶんか》が、たくさんのこっています。島《しま》の人《ひと》たちは、むかしながらのまちなみや文化《ぶんか》をのこそうとする意識《いしき》がとても強《つよ》く、「(土地《とち》や家《いえ》を）売《う》らない」「こわさない」「よごさない」「みださない」「生《い》かす」という竹富島憲章《たけとみじまけんしょう》というきまりを自分《じぶん》たちでつくり、島《しま》の歴史《れきし》や文《ぶん》化《か》、自然《しぜん》にほこりをもち、たいせつにしています。

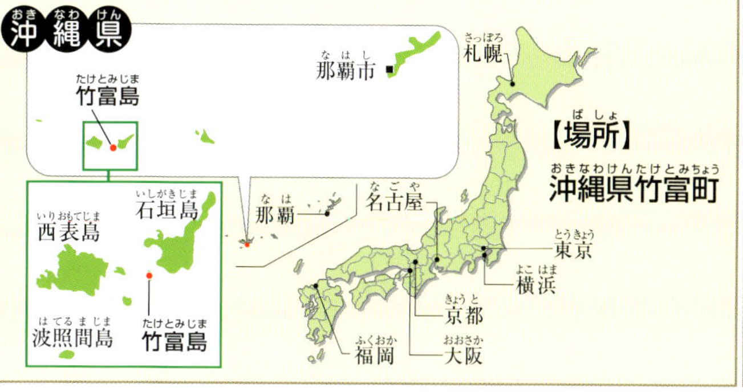

馬籠《まごめ》の答《こた》え

探Q! 1 手紙《てがみ》を運《はこ》ぶ飛脚《ひきゃく》

飛脚《ひきゃく》は、むかしのゆうびん屋《や》さんです。飛脚《ひきゃく》の仕事《しごと》は、手紙《てがみ》や荷物《にもつ》、金銀《きんぎん》などを遠《とお》いところまで走《はし》って運《はこ》ぶことです。江戸《えど》と地方《ちほう》をむすぶ五街道《ごかいどう》*ができあがった江戸時代《えどじだい》には、旅人《たびびと》が2週間《しゅうかん》くらいかけて歩《ある》いた江戸《えど》と京都《きょうと》のあいだを、幕府《ばくふ》のいちばん早《はや》い便《びん》でわずか3日《か》ほどで運《はこ》んだといいます。

*江戸《えど》からはじまる5つの大《おお》きな街道《かいどう》のこと。

いまでもむかしの服《ふく》をきて配達《はいたつ》するゆうびん局員《きょくいん》さん。

探Q! 2 中山道《なかせんどう》を歩《ある》く旅人《たびびと》

むかし、宿屋《やどや》は「はたご」、街道《かいどう》ぞいのはたごの集《あつ》まったまちを「宿《しゅく》」といいました。馬籠宿《まごめじゅく》は、江《え》戸《ど》と草津《くさつ》（滋賀県《しがけん》）をむすんだ中山道《なかせんどう》にあった宿《しゅく》のひとつでした。江戸時代《えどじだい》の旅人《たびびと》は、夜明《よあ》け前《まえ》に出発《しゅっぱつ》して一日《いちにち》のうち10時間《じかん》くらい歩《ある》き、夕方前《ゆうがたまえ》には宿屋《やどや》に入《はい》りました。宿屋《やどや》では、一日《いちにち》ぞうりで歩《ある》いてほこりだらけになり、つかれきったお客《きゃく》さんの足《あし》をきれいにあらい、部屋《へや》にむかえいれました。

江戸時代《えどじだい》のようすをのこす、はたご。

さがして！の答《こた》え

1 馬籠《まごめ》には、水車《すいしゃ》が2台《だい》あります。むかしは水《みず》の力《ちから》をつかって水車《すいしゃ》で石《いし》うすをまわして、ソバや小《こ》むぎをこなにひいていました。

いまもまわりつづける水車《すいしゃ》小屋《ごや》の水車《すいしゃ》。

2 木曽馬《きそうま》は、むかしから日本《にほん》にいた馬《うま》です。江戸時代《えどじだい》には、人《ひと》や荷物《にもつ》を運《はこ》びました。馬籠《まごめ》では、木曽馬《きそうま》のわら人《にん》形《ぎょう》が、むかしからつくられています。

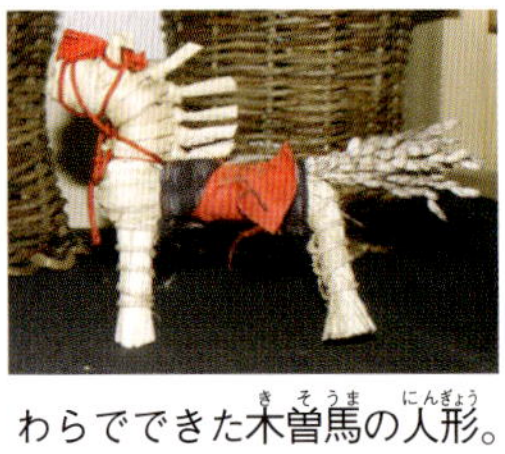

わらでできた木曽馬《きそうま》の人形《にんぎょう》。

3 むかし大火《おおか》事《じ》のあった馬籠《まごめ》では、いたるところに消火用《しょうかよう》のくみおき水《みず》や道具《どうぐ》がおいてあります。

「火乃要鎮《ひのようじん》（火《ひ》の用心《ようじん》）」と書《か》かれた消火用《しょうかよう》の設備《せつび》。

馬籠《まごめ》はこんなところ

馬《ま》籠《ごめ》は、岐阜県中津川市《ぎふけんなかつがわし》にあります。2005年《ねん》まで長野県《ながのけん》にありましたが、岐阜県《ぎふけん》がわとのつながりが強《つよ》いので岐阜県《ぎふけん》になりました。

◆馬籠《まごめ》は、江戸時代《えどじだい》の五街道《ごかいどう》のひとつ、中山道《なかせんどう》にあった宿場《しゅくば》まちです。中山道《なかせんどう》のなかでも「木曽路《きそじ》」とよばれるけわしい山道《さんどう》にある宿《しゅく》で、江戸時代《えどじだい》の終《お》わりまで、たくさんの旅人《たびびと》でにぎわいました。

◆明治時代《めいじじだい》になると、ほかの場所《ばしょ》に鉄道《てつどう》などができて、木曽路《きそじ》がつかわれなくなりました。駅《えき》のない馬籠《まごめ》は人《ひと》が通《とお》らなくなり、さびれていくばかりでした。ところが1955年《ねん》ころから、有名《ゆうめい》な文学《ぶんがく》者《しゃ》・島崎藤村《しまざきとうそん》が生《う》まれたまちとして知《し》られるよう

探Q! ③ 本陣《ほんじん》にとまろうとしている大名《だいみょう》

宿場《しゅくば》まちには、「本陣《ほんじん》」とよばれる大《おお》きなやしきがあり、宿場《しゅくば》の責任者《せきにんしゃ》が住《す》んでいました。大名《だいみょう》や位《くらい》の高《たか》い武士《ぶし》をとめることができるのは、本陣《ほんじん》だけです。馬籠《まごめ》にも本陣《ほんじん》がありましたが、1895年《ねん》の火事《かじ》でやけてしまいました。1947年《ねん》、もとのようにたてものがたてられ、馬籠《まごめ》生まれの文学者《ぶんがくしゃ》・島崎藤村《しまざきとうそん》の資料《しりょう》を公開《こうかい》する「藤村記念館《とうそんきねんかん》」となりました。

旧本陣《きゅうほんじん》のあとにたてられた「藤村記念館《とうそんきねんかん》」。藤村《とうそん》の代表作《だいひょうさく》『夜明《よあ》け前《まえ》』は、馬籠《まごめ》でおきたことを書《か》いた小説《しょうせつ》だ。

探Q! ④ 栗《くり》のおかしを食《た》べる子《こ》ども

馬籠《まごめ》のある中津川市《なかつがわし》は、栗《くり》きんとんで有名《ゆうめい》です。ここの栗《くり》きんとんは、お正月《しょうがつ》に全国《ぜんこく》で食《た》べられているものとはことなり、ゆでた栗《くり》をつぶして、さとうをくわえてねりあげたおかしです。街道《かいどう》にならぶお店《みせ》のなかには、小《ちい》さな栗《くり》がはいった栗《くり》きんとんアイスや、栗《くり》のかたちをした大判焼《おおばんや》きなどを売《う》っているところもあります。

かわいらしいかたちの栗《くり》きんとん。

もっと探Q!

❶馬籠《まごめ》は、まち全体《ぜんたい》が山《やま》のなかにある、坂道《さかみち》のまちです。雨《あめ》がふったとき、道《みち》がどろの川《かわ》にならないように石《いし》をしきつめたのが、馬籠《まごめ》の「石《いし》だたみ」のはじまりです。江戸時代《えどじだい》につくられた石《いし》だたみは、いまものこっています。

❷馬籠《まごめ》には、直進《ちょくしん》をさまたげる「ます形《がた》」とよばれる四角《しかく》い石《いし》がきがのこっています。江戸時代《えどじだい》、外《そと》から来《き》た敵《てき》はここで直角《ちょっかく》に曲《ま》がらなくてはならず、まっすぐに入《はい》ってくることができませんでした。

ます形《がた》は宿場《しゅくば》の入《い》り口《ぐち》にあり、敵《てき》がすぐに通《とお》りぬけられないようにしている。

になり、こんどは人《ひと》びとが観光《かんこう》におとずれ、にぎわうようになりました。

◆1895年《ねん》と1915年《ねん》におきた火事《かじ》で、むかしの家《いえ》いえはもえてしまいましたが、石《いし》だたみと「ます形《がた》」だけは、江戸時代《えどじだい》からのものがのこっています。まちの人《ひと》たちの努力《どりょく》で、馬籠《まごめ》は古《ふる》い家《いえ》なみをとりもどしました。

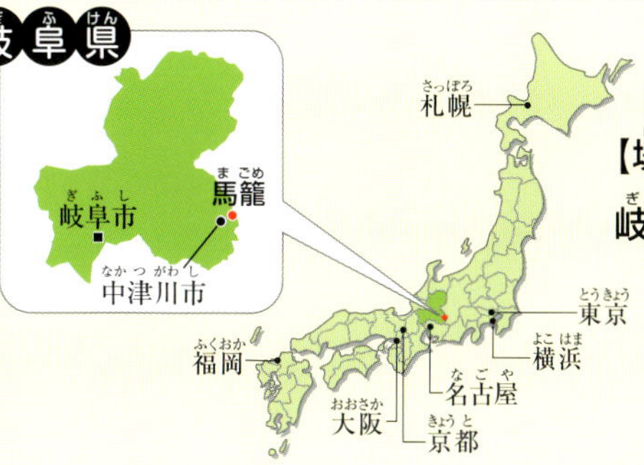

【場所《ばしょ》】
岐阜県中津川市《ぎふけんなかつがわし》

金《かな》沢《ざわ》の答《こた》え

探Q! 1 加賀藩《かがはん》をつくった殿《との》さま前田利家《まえだとしいえ》

金沢《かなざわ》は江戸時代《えどじだい》、加賀藩《かがはん》の殿《との》さまが住《す》む金沢城《かなざわじょう》の城下町《じょうかまち》としてさかえてきました。加賀藩《かがはん》をつくった前田家《まえだけ》は、おさめる土地《とち》をどんどん広《ひろ》げ、いまの石川県《いしかわけん》と富山県《とやまけん》のほとんどをおさめました。前田家《まえだけ》は「加賀百万石《かがひゃくまんごく》*」ともいわれ、将軍《しょうぐん》の徳川家《とくがわけ》に次《つ》いでゆたかな領地《りょうち》をもっていました。金沢城《かなざわじょう》は、いまは金沢城公園《かなざわじょうこうえん》として、市民《しみん》のいこいの場《ば》となっています。

*1万石《まんごく》は、領地《りょうち》からとれる米《こめ》などの量《りょう》の単位《たんい》のことで、1石《こく》の米《こめ》は約《やく》150kg。江戸時《えどじ》代《だい》は幕府《ばくふ》が全土《ぜんど》を支配《しはい》し、藩主《はんしゅ》が土地《とち》をあずかるという制度《せいど》をとった。

探Q! 2 茶屋《ちゃや》であそんでいる商家《しょうか》の主人《しゅじん》

江戸時代《えどじだい》、金沢《かなざわ》を流《なが》れる浅野川《あさのがわ》や犀川《さいがわ》のまわりには、茶屋《ちゃや》がならび、たいそうにぎわっていました。茶屋《ちゃや》とは、うたやおどり、茶《ちゃ》の湯《ゆ》などをたのしむ、お金《かね》もちの社交場《しゃこうば》のことです。浅野《あさの》川《がわ》のそばにある「ひがし茶屋街《ちゃやがい》」は、そのころのようすをいまにのこしています。

観光客《かんこうきゃく》でにぎわう、ひがし茶屋街《ちゃやがい》。

さがして！の答《こた》え

1 雪国《ゆきぐに》では、雪《ゆき》の重《おも》みでえだがおれないように、木《き》の上《うえ》からなわでえだをつりあげておく「雪《ゆき》つり」をおこないます。

雪《ゆき》つりのようす。

2 江戸時代《えどじだい》、加賀藩《かがはん》はおかしづくりにも力《ちから》を入《い》れました。「落《らく》雁《がん》」は、江戸時代《えどじだい》からつくられている、金沢《かなざわ》を代表《だいひょう》するおかしのひとつです。

かたちもかわいい落《らく》雁《がん》。

3 金沢《かなざわ》21世紀美術《せいきびじゅつ》館《かん》は、2004年《ねん》にオープンした新《あたら》しい金《かな》沢《ざわ》の名所《めいしょ》です。現代《げんだい》アートを中心《ちゅうしん》に、「公《こう》園《えん》のような美術館《びじゅつかん》」をめざしています。

「スイミングプール」という作品《さくひん》。

金《かな》沢《ざわ》はこんなところ

金沢市《かなざわし》は、石川県《いしかわけん》の県庁所在地《けんちょうしょざいち》です。江戸時代《えどじだい》には、前田家《まえだけ》がきずいた加賀百万石《かがひゃくまんごく》の城下町《じょうかまち》として、江戸《えど》・大坂《おおさか》・京《きょう》・名古屋《なごや》につづく大都市《だいとし》でした。いまでも、まちの中心《ちゅうしん》には、前田家《まえだけ》がつくった日本庭園《にほんていえん》の兼六園《けんろくえん》や、住《す》まいとしていた城《しろ》あと（金沢城公園《かなざわじょうこうえん》）があり、そのころのようすを思《おも》いおこさせます。

◆第二次世界大戦《だいにじせかいたいせん》で空襲《くうしゅう》にあわなかった金沢《かなざわ》には、江戸時代《えどじだい》につくられた城下町《じょうかまち》の町《まち》なみがたくさんのこされています。茶屋街《ちゃやがい》や武家屋《ぶけや》しきに見《み》られるたてものをはじめ、迷路《めいろ》のように入《い》りくんだ路《ろ》地《じ》（敵《てき》がせめこんでくるのをおくらせるため）や、

金沢城公園《かなざわじょうこうえん》に新《あたら》しくつくられた、むかしのかたちの石《もん》がきや門《もん》。

探Q! ③ 浅野川《あさのがわ》で染料《せんりょう》をあらいながしている、そめもの職人《しょくにん》

加賀藩《かがはん》をおさめていた前田家《まえだけ》は、地元《じもと》の文《ぶん》化《か》や産業《さんぎょう》をたいせつにしました。そのため、金沢《かなざわ》には、多《おお》くの伝統工芸《でんとうこうげい》がいまも受《う》けつがれています。そめものの加賀友禅《かがゆうぜん》もそのひとつです。浅野川《あさのがわ》や犀川《さいがわ》の水《みず》は、当時《とうじ》は、よぶんなのりや染料《せんりょう》をあらいながす「友禅流《ゆうぜんなが》し」という作業《さぎょう》につかわれていました。

いまではほとんどおこなわれなくなったが、むかしの浅野川《あさのがわ》や犀川《さいがわ》では、「友禅流《ゆうぜんなが》し」がおこなわれていた。

探Q! ④ とれたての野菜《やさい》を売《う》っている農民《のうみん》

金沢《かなざわ》は、古《ふる》くから農業《のうぎょう》がさかんな土地《とち》で、江戸時《えどじ》代《だい》からとくちょうのある野菜《やさい》をいろいろつくっていました。しかし、そうした野菜《やさい》をつくる農家《のうか》がへってしまったことから、金沢市《かなざわし》は取《と》りくみをはじめました。1945年《ねん》より前《まえ》にさいばいがはじまり、いまもおもに市内《しない》でつくられている15種類《しゅるい》の野菜《やさい》を「加賀野菜《かがやさい》」とよび、伝統野菜《でんとうやさい》として守《まも》っています。

いろいろな加賀野菜《かがやさい》。

もっと探Q!

❶兼六園《けんろくえん》は、江戸時代《えどじだい》に金沢城《かなざわじょう》の一部《いちぶ》としてつくられた庭園《ていえん》です。水戸《みと》（茨城《いばらき》県《けん》）の偕楽園《かいらくえん》、岡山《おかやま》（岡山県《おかやまけん》）の後楽園《こうらくえん》とならぶ日本三名園《にほんさんめいえん》のひとつです。前田《まえだ》家《け》の殿《との》さまによって、約《やく》180年《ねん》の月日《つきひ》をかけてつくられました。

❷長町《ながまち》には、むかし武士《ぶし》がすんでいた家《いえ》いえがならんでいます。内部《ないぶ》が公開《こうかい》されている家《いえ》もあり、庭園《ていえん》や茶室《ちゃしつ》など、当《とう》時《じ》の武士《ぶし》の生活《せいかつ》のようすが見《み》られます。城下町《じょうかまち》のようすがのこる通《とお》りは、ドラマの撮影《さつえい》などにもよくつかわれています。

金沢《かなざわ》の中心《ちゅうしん》に近《ちか》いところにある武家《ぶけ》やしきあと。

まちなかにはりめぐらされた用水路《ようすいろ》など、当時《とうじ》の町《まち》づくりの知恵《ちえ》があちらこちらに見《み》られます。

◆兼六園《けんろくえん》と金沢城公園《かなざわじょうこうえん》のあいだにたてられた金沢《かなざわ》21世紀美術館《せいきびじゅつかん》は、現代《げんだい》アートを中心《ちゅうしん》にしょうかいする美術館《びじゅつかん》です。子《こ》どもから大人《おとな》までたのしめる美術館《びじゅつかん》として、人気《にんき》を集《あつ》めています。

【場所《ばしょ》】
石川県金沢市《いしかわけんかなざわし》

川越《かわごえ》の答《こた》え

探Q! 1 菓子屋横丁《かしやよこちょう》にいる子《こ》ども

お店《みせ》には、いろいろな種類《しゅるい》のだがしがならんでいる。

菓子屋横丁《かしやよこちょう》は、だがし*を売《う》っているお店《みせ》がたくさん集《あつ》まっている通《とお》りです。江戸時《えどじ》代《だい》、ひとりのおかし職人《しょくにん》が、そぼくなおかしをつくって、この通《とお》りで売《う》りだしました。その後《ご》、たくさんの弟子《でし》が育《そだ》ち、多《おお》いときで70けんほどのお店《みせ》ができました。いまも20けんをこえるおかし屋《や》さんがならんでいます。

*ムギやアワなどの安《やす》い材料《ざいりょう》でつくった、こまかいお金《かね》で買《か》えるようなおかし。

探Q! 2 まちを見《み》まわる町火消《まちびけし》

江戸《えど》は火事《かじ》の多《おお》いまちとして知《し》られていますが、川越《かわごえ》もまた、火事《かじ》の多《おお》いまちでした。当時《とうじ》、火《ひ》を消《け》す仕事《しごと》は、「町火消《まちびけし》」とよばれる人《ひと》たちを中心《ちゅうしん》におこなわれていました。火《ひ》を消《け》すといっても、当時《とうじ》は、火事《かじ》がおこるとその場《ば》にかけつけ、火《ひ》の出《で》ている場《ば》所《しょ》のまわりのたてものなどをこわして、火《ひ》がもえうつることをふせいでいました。放水《ほうすい》による消火《しょうか》ができるようになったのは、明治時代《めいじじだい》になってからです。

江戸時代《えどじだい》のポンプ。まける水《みず》のりょうは少《すく》なかった。

さがして！の答《こた》え

1 かわら屋根《やね》のいちばん高《たか》いところの両《りょう》はしにおかれている大《おお》きなかわらを「おにがわら」といいます。むかしは魔《ま》よけとして、おにの顔《かお》をつけたので、こうよばれるようになりました。

家紋《かもん》（家《いえ》のしるし）がつけられたおにがわら。

2 川越《かわごえ》は、サツマイモで有名《ゆうめい》です。もともとは、農家《のうか》の人《ひと》たちが自分《じぶん》たちで食《た》べるためにつくっていましたが、江戸《えど》で焼《や》きいもの人気《にんき》が出《で》て、売《う》るためのものとしてたくさんつくるようになりました。

人気《にんき》のサツマイモ。

3 川越《かわごえ》を流《なが》れる新河岸川《しんがしかわ》は、川越《かわごえ》と江戸《えど》を舟《ふね》でむすぶ、だいじな水路《すいろ》でした。物《もの》や人《ひと》が行《い》きかい、江戸《えど》の文化《ぶんか》も川越《かわごえ》にもたらされました。

川越《かわごえ》まつりでは観光用《かんこうよう》に舟《ふね》が出《で》る。

川越《かわごえ》はこんなところ

川越《かわごえ》は江戸時代《えどじだい》、北《きた》がわから江戸《えど》を守《まも》るたいせつな役目《やくめ》をはたす城下町《じょうかまち》でした。いまでもそのころを感《かん》じさせる古《ふる》いまちなみをのこしていて、「小江戸《こえど》」ともよばれています。たくさんのお客《きゃく》さんがおとずれる人気《にんき》のまちです。

◆明治時代《めいじじだい》には川越大火《かわごえたいか》といわれる大火事《おおかじ》に見《み》まわれ、まちの中心部《ちゅうしんぶ》の3分《ぶん》の1以上《いじょう》がもえてなくなりました。火事《かじ》のひがいが大《おお》きくなってしまった原因《げんいん》は、「からっ風《かぜ》」です。からっ風《かぜ》とは、山《やま》をこえてふきつける、からからにかわいたつめたい北《きた》風《かぜ》のことで、冬《ふゆ》の関東地方《かんとうちほう》によくふきます。

◆この大火事《おおかじ》でやけのこったのが、くらづくりの

探Q! 3 着物《きもの》をお客《きゃく》さんに見《み》せている商人《しょうにん》

川越《かわごえ》にあるくらづくりのなかで、いちばん古《ふる》いたてものは、呉服店《ごふくてん》だった大沢家《おおさわけ》のたてものです。江戸時代《えどじだい》のなかごろにたてられた、くらづくりのたてものは、明治《めいじ》26（1893）年《ねん》の大火事《おおかじ》のときにもやけのこるほど、火《ひ》に強《つよ》いつくりをしていました。商人《しょうにん》たちは、きそって大沢《おおさわ》家《け》と同《おな》じような、くらづくりのお店《みせ》をたてました。そうしたたてものが、いまものこっているのです。

川越《かわごえ》のくらづくりのたてものをだいひょうする「大沢家住宅《おおさわけじゅうたく》」。

探Q! 4 かねをならしている人《ひと》

くらづくりのまちなみに、ひときわ高《たか》くそびえるたてものは、「時《とき》の鐘《かね》」です。名前《なまえ》のとおり、時《とき》を知《し》らせるかねとして、時計《とけい》のなかったいまから400年近《ねんちか》く前《まえ》の江戸時代《えどじだい》につくられました。たびかさなる火事《かじ》でたてものがやけてしまい、なん度《ど》もたてなおされています。

いまでも、午前《ごぜん》6時《じ》、昼《ひる》の12時《じ》、午後《ごご》3時《じ》、午後《ごご》6時《じ》には、かねの音《おと》がまちにひびきわたる。

もっと探Q!

❶川越市蔵造《かわごえしくらづく》り資料館《しりょうかん》は、もとはたばこ屋《や》さんのお店《みせ》だったたてものです。1893年《ねん》の川越大火《かわごえたいか》のすぐあとに、火《ひ》に強《つよ》いくらづくりのたてものを見本《みほん》にしてたてられました。なかのようすを見学《けんがく》できるようになっています。

❷川越《かわごえ》では、毎年秋《まいとしあき》に川越《かわごえ》まつりがおこなわれます。大《おお》きな山車《だし》が、くらづくりのまちなみをめぐり歩《ある》くこのお祭《まつ》りは、古《ふる》く江戸時代《えどじだい》にはじまりました。おはやしや山車《だし》にかざられている人形《にんぎょう》などに、江戸《えど》の文化《ぶんか》が受《う》けつがれています。

色《いろ》あざやかな山車《だし》。

たてものでした。川越《かわごえ》のくらづくりのとくちょうは、物《もの》をしまう倉庫《そうこ》ではなく、お店《みせ》をくらづくりにしていることです。通《とお》りに面《めん》したお店《みせ》を、火《ひ》に強《つよ》いくらづくりでたてることで、まわりからの火《ひ》をふせいだり、さらには店《みせ》のうらにある倉庫《そうこ》や、すまいへのとび火《ひ》をふせいだりできました。

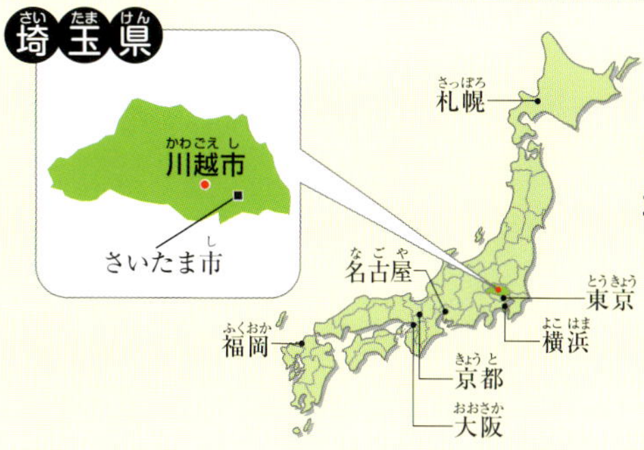

【場所《ばしょ》】
埼玉県川越市《さいたまけんかわごえし》

柳川《やながわ》の答《こた》え

探Q! 1 舟《ふね》で荷物《にもつ》を運《はこ》ぶ船頭《せんどう》さん

柳川《やながわ》は江戸時代《えどじだい》に柳川藩《やながわはん》の城下町《じょうかまち》としてさかえました。まちをたてよこに流《なが》れる水路《すいろ》をつくったのも、このころです。水路《すいろ》はお城《しろ》を守《まも》る「ほり」の役目《やくめ》をしていただけでなく、舟《ふね》でものを運《はこ》ぶ交通路《こうつうろ》でした。また、家《いえ》のうらがわを流《なが》れる小《ちい》さな水路《すいろ》は、水《みず》くみ場《ば》やあらい場《ば》となっていました。大雨《おおあめ》のときには洪水《こうずい》からまちを守《まも》る役《やく》わりもはたしました。

探Q! 2 有明海《ありあけかい》でつりをする漁師《りょうし》

有明海《ありあけかい》は、遠浅《とおあさ》で、筑後川《ちくごがわ》や矢部川《やべがわ》など大小《だいしょう》さまざまな川《かわ》が流《なが》れこむ、栄養《えいよう》にとんだ海《うみ》です。また、潮《しお》のみちひきによる海面《かいめん》の高《たか》さの差《さ》が日本《にほん》でもっとも大《おお》きく、最大《さいだい》で6mになるところもあります。潮《しお》が引《ひ》いたときには、広《ひろ》い干潟《ひがた》*があらわれ、そこにはハゼのなかまのムツゴロウという魚《さかな》や、大型《おおがた》の二枚《にまい》貝《がい》のタイラギなど、ここにしかいないめずらしい生《い》きものが多《おお》くすんでいます。

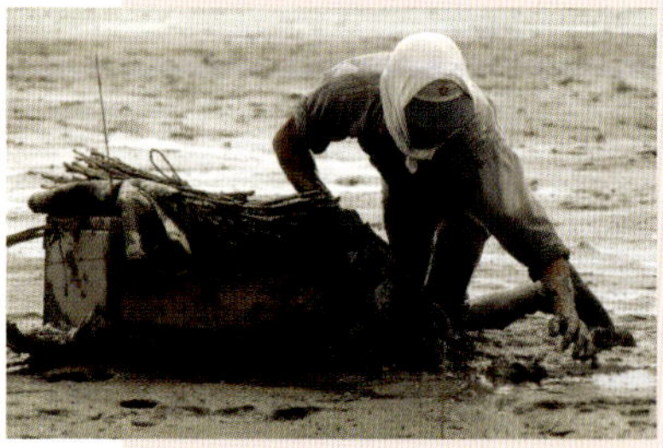

「潟《がた》スキー」にのってつりをする漁師《りょうし》。

*遠浅《とおあさ》の海《うみ》で、海《うみ》の水《みず》が引《ひ》いたときにあらわれる砂地《すなち》。

さがして!の答《こた》え

1 うなぎのせいろむしは、柳川《やながわ》に古《ふる》くから伝《つた》わる郷土料理《きょうどりょうり》です。かためにたいたご飯《はん》にタレをまぶしてむし、こうばしく焼《や》いたうなぎのかばやきをのせてふたたびむします。

うなぎのせいろむし。

2 有明海《ありあけかい》の沿岸《えんがん》では、ノリの養殖《ようしょく》がさかんです。柳川市《やながわし》は全国第《ぜんこくだい》2位《い》の水《みず》あげをほこる養殖《ようしょく》ノリの産地《さんち》です。

ノリの養殖《ようしょく》。

3 柳川《やながわ》は、古《ふる》くからイグサのさいばいがさかんです。イグサのくきでつくられるたたみおもて(たたみの表面《ひょうめん》)や花《はな》ゴザは、柳《やな》川《がわ》の特産品《とくさんひん》のひとつです。

イグサのさいばい。

柳《やな》川《がわ》はこんなところ

柳《やな》川市《がわし》は、九州《きゅうしゅう》でいちばん長《なが》い筑後川《ちくごがわ》とその南《みなみ》にある矢部川《やべがわ》の下流《かりゅう》にある水郷《すいごう》のまちです。南部《なんぶ》は日本一干満差《にほんいちかんまんさ》のある有明海《ありあけかい》に面《めん》しています。◆江戸時代《えどじだい》は船《ふね》が人《ひと》や荷物《にもつ》を運《はこ》ぶ重要《じゅうよう》なはたらきをしていたので、柳川《やながわ》のまちは水路《すいろ》が計画的《けいかくてき》につくられました。その水路《すいろ》が、いまもまちなかを流《なが》れています。水路《すいろ》の一部《いちぶ》は、川《かわ》くだりコースとしてつかわれ、観光客《かんこうきゃく》に人気《にんき》です。水路《すいろ》にそって、明治時代《めいじじだい》にたてられた赤《あか》レンガの倉庫《そうこ》や北原白秋《きたはらはくしゅう》が生《う》まれた家《いえ》、柳川藩主《やながわはんしゅ》の住《す》まいなど、歴史《れきし》を感《かん》じさせるたてものがならび、むかしのまちのふんいきをのこしています。

いまは観光客《かんこうきゃく》をのせて「どんこ舟《ぶね》」とよばれる小舟《こぶね》が水路《すいろ》をめぐる。

探Q! 3 女《め》びなになりきっているお姫《ひめ》さま

柳川《やながわ》では、ひなまつりに、おひなさまといっしょに色《いろ》あざやかなまりや人形《にんぎょう》を天井《てんじょう》から部屋《へや》いっぱいにさげるならわしがあります。「さげもん」とよばれるこのかざりは、江戸時代《えどじだい》からつたわるものです。ひなまつりのころには、まちじゅうにさげもんがかざられ、おひなさま水上《すいじょう》パレードや流《なが》しびなまつりなど大《おお》きなイベントがおこなわれます。

「さげもん」は、女《おんな》の子《こ》が生《う》まれると初節句《はつぜっく》のおいわいにおくられる。

探Q! 4 自宅《じたく》の近《ちか》くをさんぽする北原白秋《きたはらはくしゅう》

北原白秋《きたはらはくしゅう》は、明治《めいじ》から昭和《しょうわ》にかけて活《かつ》やくした詩人《しじん》です。「まちぼうけ」「からたちの花《はな》」などの童《どう》ようもつくり、いまもうたいつがれている作品《さくひん》がたくさんのこっています。1885年《ねん》に柳川《やながわ》の海産物問屋《かいさんぶつどんや》と酒《さけ》づくりをいとなんでいた大《おお》きな家《いえ》に生《う》まれた白秋《はくしゅう》は、19歳《さい》で東京《とうきょう》に出《で》るまで柳川《やながわ》ですごしました。生《う》まれた家《いえ》は、公開《こうかい》されています。

北原白秋《きたはらはくしゅう》が生《う》まれた家《いえ》。となりには記念館《きねんかん》がある。

もっと探Q!

❶「潟《がた》スキー」（探《たんキュー》Q！② の写真《しゃしん》）は、有明海沿岸《ありあけかいえんがん》の人《ひと》たちが、潮《しお》の引《ひ》いた海《うみ》で漁《りょう》をするときにつかう板《いた》のことです。前《まえ》にえものを入《い》れるおけや漁具《ぎょぐ》をのせ、かたひざを立《た》ててのり、いっぽうの足《あし》でどろをけってすべりながら漁《りょう》をします。

❷水路《すいろ》ぞいにある大《おお》きなたてものと日本庭園《にほんていえん》の松濤園《しょうとうえん》は、柳川藩《やながわはん》の殿《との》さまがたてた住《す》まいだったところです。明治時代《めいじじだい》にたてものと庭園《ていえん》の大部分《だいぶぶん》は新《あたら》しくなり、いまは子孫《しそん》が旅館《りょかん》として経営《けいえい》しています。庭園《ていえん》は公開《こうかい》されています。

松濤園《しょうとうえん》にある池《いけ》は、日本三景《にほんさんけい》のひとつ、仙台《せんだい》の松島《まつしま》ににせてつくられている。

◆かつて水路《すいろ》は生活用水《せいかつようすい》にもつかわれ、市民《しみん》のくらしとともにありました。ところが昭和《しょうわ》50年代《ねんだい》ごろ、水路《すいろ》がゴミやヘドロでうまってしまい、水《みず》が流《なが》れなくなってしまいました。市役所《しやくしょ》の職員《しょくいん》や地《ち》いきの住民《じゅうみん》が総出《そうで》で清掃活動《せいそうかつどう》をおこない、いまでは、きれいな水路《すいろ》のまちにもどりました。

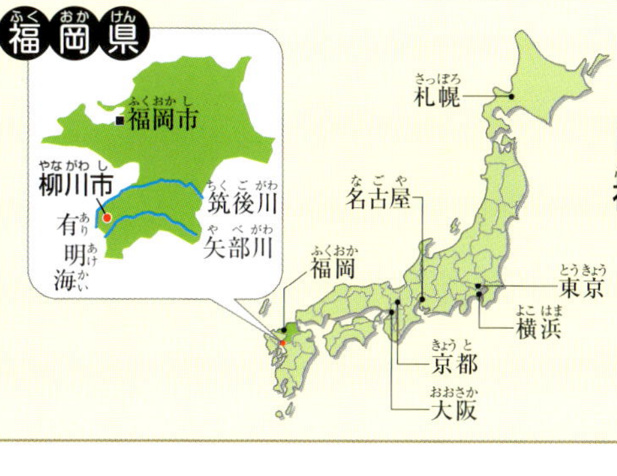

【場所《ばしょ》】
福岡県柳川市《ふくおかけんやながわし》

まだまだあるよ！ 歴史《れきし》あるまちなみ

まちなみの種類《しゅるい》 「伝統的建造物群保存地区《でんとうてきけんぞうぶつぐんほぞんちく》」*から

- ●集落《しゅうらく》
- ●宿場《しゅくば》のまちなみ
- ●港《みなと》とむすびついたまちなみ
- ●商家《しょうか》のまちなみ
- ●産業《さんぎょう》とむすびついたまちなみ
- ●茶屋《ちゃや》のまちなみ
- ●社寺《しゃじ》を中心《ちゅうしん》としたまちなみ
- ●武家《ぶけ》を中心《ちゅうしん》としたまちなみ
- ○その他《た》

❶函館市元町末広町《はこだてしもとまちすえひろちょう》

(北海道《ほっかいどう》) 港町《みなとまち》

明治《めいじ》～昭和初期《しょうわしょき》　れんがづくりの倉庫群《そうこぐん》や教会《きょうかい》など、和風《わふう》と洋風《ようふう》がまざった住宅《じゅうたく》などがならぶ。

❷仙北市角館《せんぼくしかくのだて》

(秋田県《あきたけん》) 武家町《ぶけまち》

江戸後期《えどこうき》～昭和初期《しょうわしょき》　りっぱなかまえの武家《ぶけ》やしきや板《いた》べい、へいにそった樹木《じゅもく》などのようすが美《うつく》しい。

❹竹原市竹原《たけはらしたけはら》

(広島県《ひろしまけん》) 製塩業《せいえんぎょう》のまち

江戸中期《えどちゅうき》～明治《めいじ》　製塩業《せいえんぎょう》でさかえたまちに、本《ほん》かわらぶきのおもむきある町家《まちや》がつらなる。

❻椎葉村十根川《しいばそんとねがわ》

(宮崎県《みやざきけん》) 山村集落《さんそんしゅうらく》

明治《めいじ》～昭和初期《しょうわしょき》　石《いし》がきでつくられたしき地《ち》に、「椎葉型《しいばがた》」とよばれるどくとくのたてかたで、横一列《よこいちれつ》に母屋《おもや》と馬屋《うまや》がたちならぶ。

❸富田林市富田林《とんだばやししとんだばやし》

(大阪府《おおさかふ》) 寺内町《じないちょう》・在郷町《ざいごうまち》

江戸《えど》～昭和《しょうわ》　東西南北《とうざいなんぼく》にきちんと区画《くかく》された町内《ちょうない》に、江戸時代《えどじだい》からの町家《まちや》が道《みち》ぞいにならぶ。

❺丸亀市塩飽本島町笠島《まるがめししわくほんじまちょうかさしま》

(香川県《かがわけん》) 港町《みなとまち》

江戸後期《えどこうき》～昭和初期《しょうわしょき》　瀬戸《せと》内海《ないかい》の海運輸送《かいうんゆそう》でさかえた島《しま》の港町《みなとまち》に、おちついた町家《まちや》がたちならぶ。

❼出水市出水麓《いずみしいずみふもと》

(鹿児島県《かごしまけん》) 武家町《ぶけまち》

江戸末期《えどまっき》～昭和初期《しょうわしょき》　武家《ぶけ》門《もん》や玉石《たまいし》できずいた石《いし》がき、いけがきなどがならぶ街路《がいろ》のけしきが美《うつく》しい。

*市町村《しちょうそん》が伝統的《でんとうてき》な建造物群《けんぞうぶつぐん》で価値《かち》が高《たか》いものなどを保存地区《ほぞんちく》として決《き》めたところをいう。それらのなかから、国《くに》が価値《かち》の高《たか》いものを選定《せんてい》したものを重要伝統的《じゅうようでんとうてき》建造物保存地区《けんぞうぶつほぞんちく》とし、2010年《ねん》12月現在《がつげんざい》、全国《ぜんこく》の87地区《ちく》が選《えら》ばれている。

【イラスト鳥瞰図】
青山邦彦

【デザイン】
長江知子

【編集協力】
元全国小学校社会科研究協議会会長　桑原利夫

【写真・資料提供】
伊根町観光協会、(社)岐阜県観光連盟、中津川市観光課、木曽馬の里、金沢市、(社)小江戸川越観光協会、川越市立博物館、川越市観光課、柳川市観光協会、福岡県い業振興協会、(社)鹿児島県観光連盟、(社)椎葉村観光協会、hifumiyo、pipateroma、アフロ、毎日新聞社、(株)東京地図研究社

【製作協力】
こどもくらぶ

探《たん》Q《キュー》! 日本のひみつ
～歴史あるまちなみ～

印刷日　2011年2月10日
発行日　2011年2月15日
定　価　本体1,800円(税別)

発行者　株式会社帝国書院
代表者　斎藤正義

〒101-0051 東京都千代田区神田神保町3-29
電話　03-3262-0830(帝国書院販売部)
　　　03-3261-9038(帝国書院開発部)
振替口座　00180-7-67014
ホームページ　http://www.teikokushoin.co.jp

ISBN 978-4-8071-5952-9
印刷所　小宮山印刷株式会社